AF357400

AQUARELLES

PASTELS & FUSAINS

PAR

ALLONGÉ

Vente du Jeudi 20 Avril 1893

A trois heures précises

HOTEL DROUOT

Salle n° 6

Exposition, salle n° 6

Le Mercredi 19 Avril 1893

De une heure et demie à cinq heures et demie.

MACON, PROTAT FRÈRES, IMPRIMEURS

AQUARELLES, PASTELS & FUSAINS

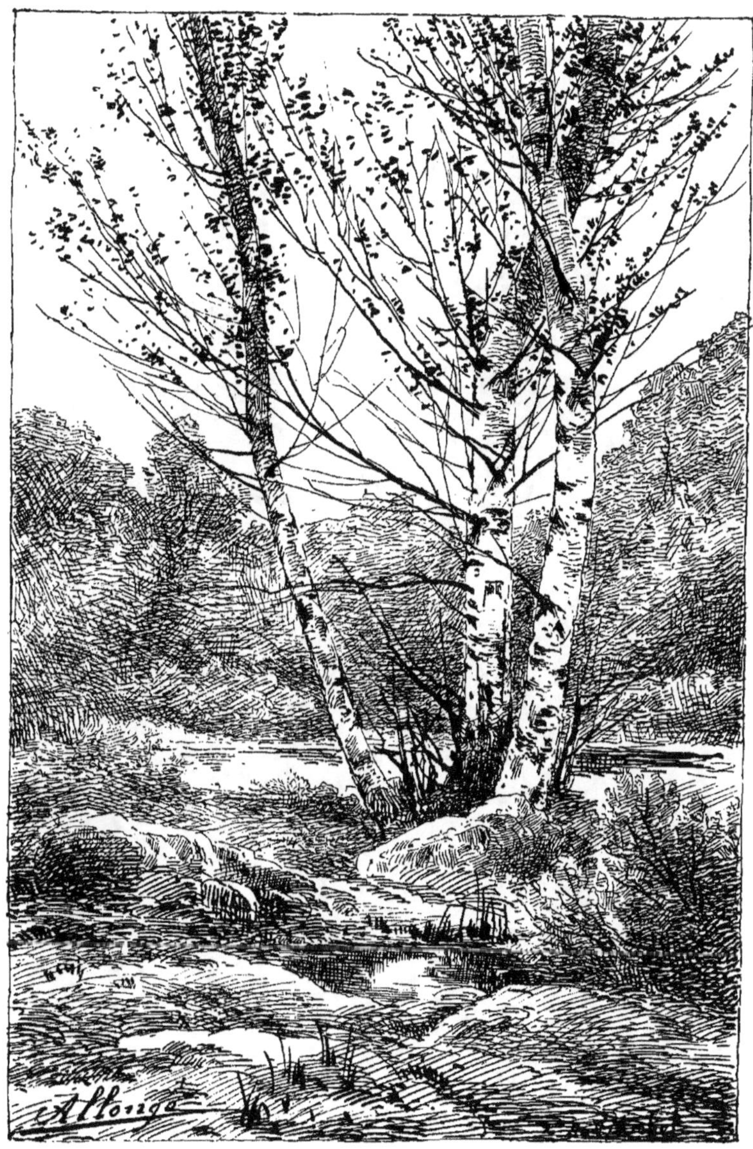

Bouleaux de la Mare aux Fées (*Aquarelle*).
(Forêt de Fontainebleau.)

Vente du Jeudi 20 Avril 1893

A trois heures précises

DE

AQUARELLES, PASTELS

ET

FUSAINS

PAR

ALLONGÉ

Hotel Drouot, salle n° 6

Par le ministère de Mᵉ Léon TUAL, commissaire-priseur,
56, rue de la Victoire

Assisté de M. Georges MEUSNIER, expert près les tribunaux,
27 et 22, rue Saint-Augustin

EXPOSITION PUBLIQUE

Le Mercredi 19 Avril 1893

Hotel Drouot, salle n° 6

CONDITIONS DE LA VENTE

—

Elle aura lieu au comptant.

Les acquéreurs payeront cinq pour cent en sus des enchères,
applicables aux frais.

AQUARELLES

25 *Étude de Mare.*

26 *Hêtres.*

27 *Sentier à Martinvast.*

28 *Étude de Plaine.*

29 *Effet d'hiver.*

30 *Bornage de la forêt.*

31 *Route de la maison des champs.*

32 *Le retour de l'herbe.*

33 *Mare aux Fées* (Automne).

34 *Dans les blés.*

35 *Automne.*

36 *Dans une vente.*

37 *Abattage de Hêtres.*

38 *Étude de Bouleaux.*

ALLONGÉ

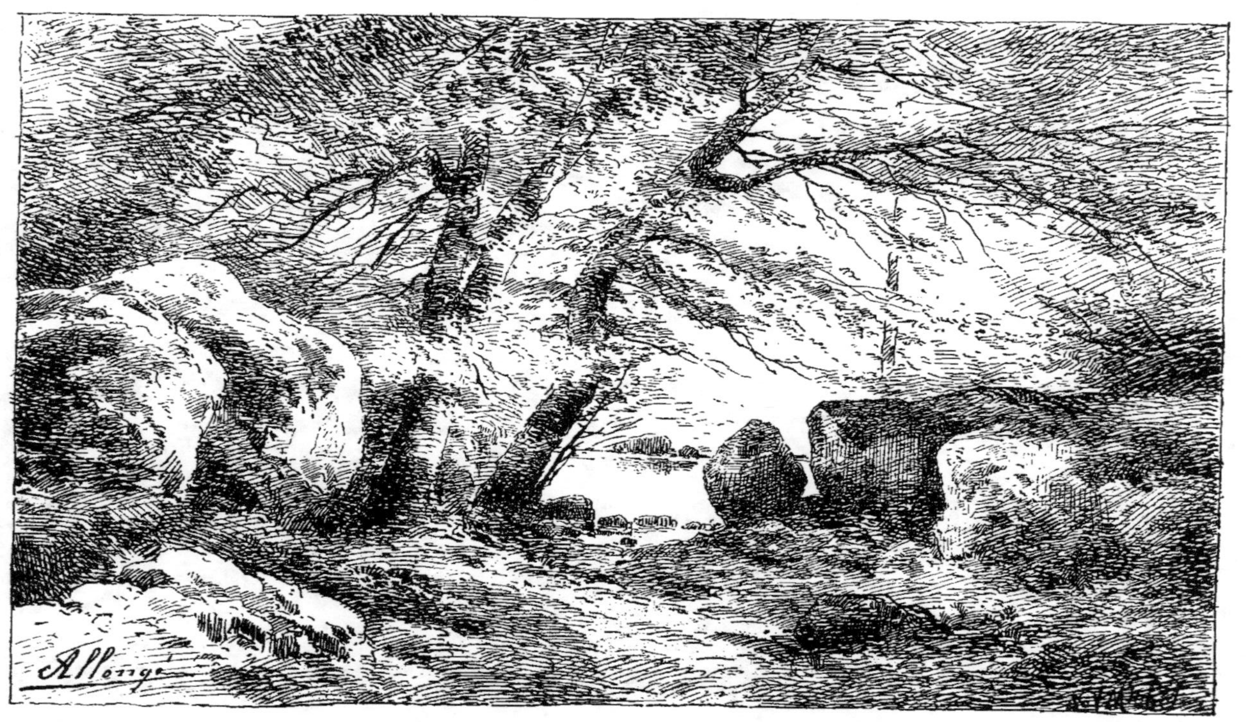

Forêt de Fontainebleau (*Pastel*).

PASTELS

58 *Gelée blanche.*

(SALON DE 1892).

59 *Forêt de Fontainebleau.*

60 *Printemps.*

61 *Coin de la Mare aux Fées.*

62 *Sentier dans la neige.*

63 *Bords du Loing.*

64 *Automne.*

65 *Dans les ventes à la Reine.*

66 *Soleil couchant.*

67 *Sous Bois.*

ALLONGÉ

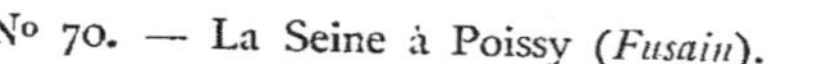

No 70. — La Seine à Poissy (*Fusain*).

FUSAINS

68 *Effet de neige.*

69 *Le Loing à Greys.*

70 *La Seine à Poissy.*

71 *Effet de givre.*

72 *Soleil couchant.*

73 *Sous Bois.*

74 *Souvenir de Bretagne.*

75 *En Suisse.*

76 *Études de Roches.*

77 *La Rivière.*

78 *Souvenir de Ruisseau.*

79 *En forêt.*

80 *Sous ce numéro, quelques œuvres non cataloguées.*

MACON, PROTAT FRÈRES, IMPRIMEURS